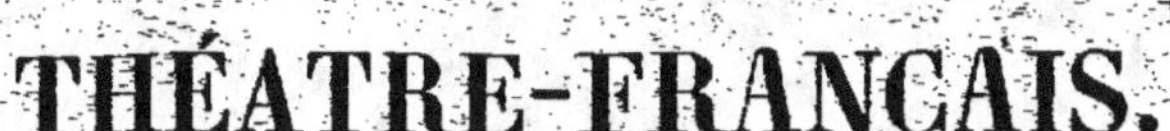

THÉATRE-FRANÇAIS.

LE BÉARNAIS,

COMÉDIE EN TROIS ACTES ET EN VERS,

PAR M. FERDINAND DUGUÉ,

REPRÉSENTÉE POUR LA PREMIÈRE FOIS, À PARIS, SUR LE THÉATRE FRANÇAIS,
LE 23 OCTOBRE 1844.

Prix : 50 centimes.

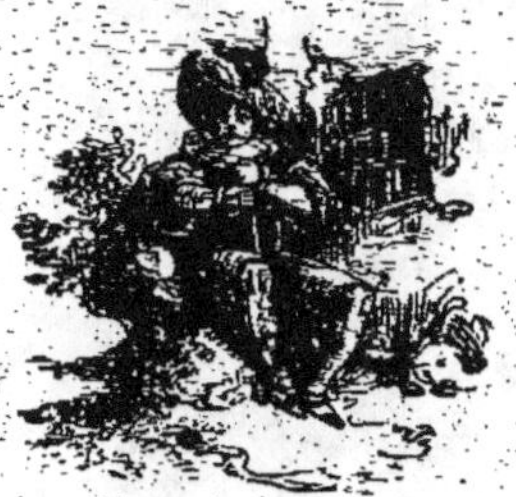

PARIS.

MARCHANT,	PARISSE,
Boulevard Saint-Martin, 12.	Place des Victoires, 3

1844

LE
BÉARNAIS,

COMÉDIE EN TROIS ACTES ET EN VERS,

PAR

M. FERDINAND DUGUÉ,

REPRÉSENTÉE POUR LA PREMIÈRE FOIS, A PARIS, SUR LE THÉATRE-FRANÇAIS,
LE 23 OCTOBRE 1844.

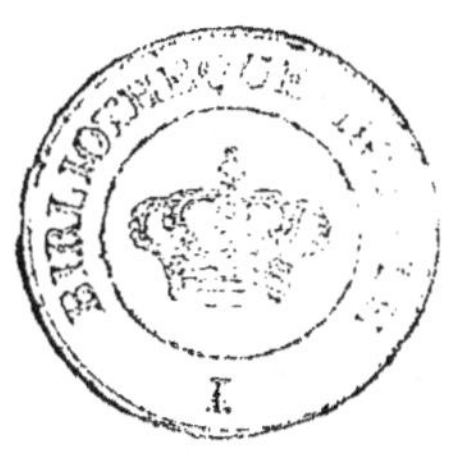 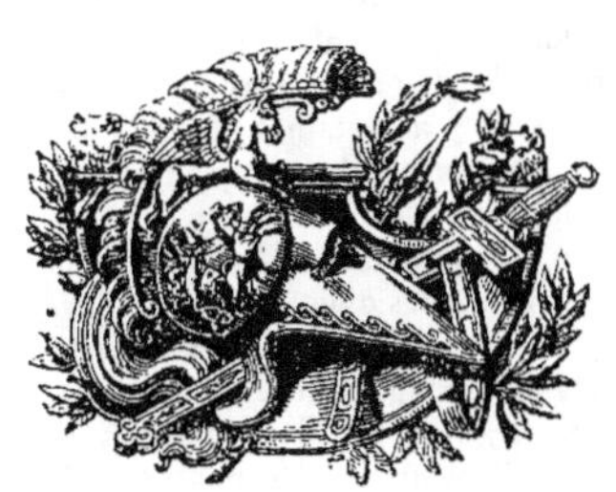

PARIS.

MARCHANT,
Libraire, boulevart Saint-Martin, 12.

PARISSE,
Place des Victoires, 3.

1844

DISTRIBUTION.

PERSONNAGES.	ACTEURS.	PERSONNAGES.	ACTEURS.
HENRI DE NAVARRE............ MM.	Geffroy.	SAINT-LUC..................	Randoux.
HENRI III, roi de France........	Maillard.	MATURINE, folle du roi de Navarre. Mmes	Melingue.
RAPIN, poëte.................	Régnier.	PANDORE...................	Brohan.
ÉVOÉ LA FORTUNE...........	Provost.	MARGUERITE DE FRANCE.....	Naptal.
DU GUAST	Maubant.	UNE DUÈGNE................	Lemaire.
MAUGIRON	Leroux.	UN PAGE...................	Louise.

Gardes et Courtisans.

La scène se passe au Louvre 1576.

Toutes les indications sont prises à la droite de l'acteur.

J'aurais certes beau jeu à écrire une longue préface sur tout ce qui s'est débité à propos du Béarnais, et ce ne serait pas le moins comique de la comédie ; mais je me tais aujourd'hui, tout en faisant mes réserves. Quelques lignes seulement.

J'ai voulu faire une œuvre *française* (et j'insiste sur la portée de ce mot), française d'allure, de style, d'événements et de caractères. Une mine féconde avait été, si je ne me trompe, complétement abandonnée depuis longtemps ; j'ai recherché le riche filon qui part du seizième siècle, et j'ai donné mon premier coup de pioche avec joie. Travailleur isolé ou secondé, je continuerai ma besogne en chantant. Il y a certaines tâches dont rien ne peut et ne doit nous distraire. La ténacité, que la malveillance vulgaire appelle de l'entêtement, est noble quelquefois : est-ce autre chose après tout que la conviction ?

Dans le public, ma réussite n'a pas été douteuse, il m'est bien permis de le dire : dans la critique, je me suis trouvé serré entre des oui et des non. L'avenir jugera en dernier ressort.

Quoi qu'il en soit et quoi qu'il advienne, il est un mérite qu'on ne pourra m'enlever, celui d'avoir franchement *osé*, dans notre époque d'indifférence, de couardise littéraire, où le bon sens et le bon vouloir sont si rares ; temps difficile et blasé où si peu de chose vibre au fond des cœurs, pour l'art surtout, pour l'art qu'on méconnaît et qu'on profane, qu'on voudrait avilir et détourner de ses véritables voies.

Et maintenant je remercie bien cordialement le Théâtre-Français de l'accueil qu'il a fait à ma pièce, du zèle et de la promptitude qu'il a mis à la monter, du talent avec lequel il l'a jouée. Tout le monde a fait largement son devoir, et je suis heureux de faire ici le mien en acquittant ma dette de remerciment et d'éloges.

ACTE PREMIER.

Un vaste salon. A droite un balcon et une issue fermée par une tenture. A gauche l'entrée des appartements de la reine de Navarre. Siéges et table garnie.

SCÈNE PREMIÈRE.

DU GUAST, PANDORE, *entrant par le fond.*

DU GUAST.

Voici donc le moment de te l'apprendre, à toi,
Le plan que m'a tracé la vengeance du roi ;
Catherine elle-même a préparé la trame,
Pandore, et t'a donné ton rôle dans le drame,
Car, habile araignée, aux filets de l'amour
Tu sais prendre fort bien nos moucherons de cour.
Henri trois, tu le sais, craint Henri de Navarre;
Du parti protestant l'attitude est bizarre.
Il se trame un complot. Le Béarnais railleur
Cache de noirs projets sous son masque rieur;
Sa majesté le tient presque captif au Louvre,
Mais enfin il n'est pas de prison qui ne s'ouvre.

PANDORE.

Marquis, il en est une ! y songez-vous pour lui ?

DU GUAST.

Pas encor, mais voilà ce qu'on veut aujourd'hui.
Jusqu'à présent, conseils, piéges, prière et force,
Rien n'a pu décider Marguerite au divorce :
Or, tant qu'elle sera sa femme, il est sacré
Pour le roi son beau-frère, et menacé, cloîtré,
Insulté même au Louvre, il y tranche du maître.
Il caresse et séduit la noblesse; le traître
Se fait aimer de tous et peut impunément
Railler et conspirer. Mais il t'aime, comment
N'as-tu donc rien saisi des desseins qu'on lui prête?
N'as-tu rien arraché de sa bouche discrète?
Rien lu dans ses yeux ?

PANDORE.

Non.

DU GUAST.

N'as-tu rien deviné?

Pandore fait un signe négatif.

Pas même cela ?

PANDORE.

Non.

DU GUAST.

C'est un diable incarné
Que ce roi de Navarre ! il t'a, je le suppose,
Ensorcelée, ou bien tu caches quelque chose...

PANDORE.

Êtes-vous fou? Voyons, parlez vite...

DU GUAST.

Voilà.

Nous voulons un divorce, et pour en venir là,
Pour y forcer la femme, il nous faut un scandale
Qui réveille en sursaut cette maison royale;
Un scandale si grand, si public, si complet,
Qu'Henri trois puisse enfin faire ce qui lui plaît,
Où l'outrage se mêle assez au ridicule
Pour arracher la reine à son dernier scrupule !
Marguerite est sensible aux torts de son époux;
Quoique volage, au fond elle a le cœur jaloux,

C'est, à défaut d'amour, sa fierté qui se blesse.
Nous agirons si bien que, malgré sa faiblesse,
Ou l'intérêt qu'au prince elle pourrait porter,
Elle n'osera plus à nos vœux résister.
Donc nous comptons sur toi.

PANDORE.

Comment faut-il m'y prendre ?

DU GUAST.   [prendre.

Eh ! mais c'est aussi simple à faire qu'à com-

Il la conduit à la table.

Accorde un rendez-vous au galant, cette nuit ;
Puis, dès qu'il entrera, sans lumière et sans bruit,
Pousse-lui tout à coup quelque bonne querelle !
Force cris! force pleurs !... Cherche dans ta cer-

[velle

Un motif... Par exemple, un repentir soudain...
Un accès de vertu... des remords...

PANDORE.

C'est en vain

Que je jouerai ce rôle... il ne fera qu'en rire.
Je le connais.

DU GUAST.

Alors, tu tombes en délire :
Il veut sortir, il sort, tu le poursuis ; le roi
Passe là par hasard, il apprend tout de toi;
Il vous traîne avec lui que la fureur transporte,
De sa sœur brusquement se fait ouvrir la porte,
Et l'acte de divorce, avec soin préparé,
Sera signé de suite, Henri trois l'a juré.

PANDORE.

A coup sûr l'entreprise est plaisante et hardie,
Mais, après tout, mon cher, c'est une comédie;
Tu m'avais fait cela bien plus sombre au début...

DU GUAST.

En connais-tu la fin?... Mais arrive à ton but,
Et nous arriverons au nôtre.

A part.

Il faut qu'il meure!...

PANDORE.

Je ferme ce billet qu'il aura tout à l'heure.

DU GUAST.

Bien Gascon s'il échappe au piége qu'on lui tend !

Pandore frappe sur un timbre et remet le billet à un page.

A Pandore.

Viens; pour tout décider, la reine nous attend.
Ta main, démon.

Ils sortent par le fond. Maturine entre par la porte de gauche.

SCÈNE II.

MATURINE, *seule; elle est vêtue de noir, mas-
quée, et porte les attributs d'une folle; puis*
HENRI DE NAVARRE *et* RAPIN.

MATURINE.

Du Guast et la Pandore ensemble.

Mauvais présage! Encor quelque péril! je tremble.
Notre prince est allé chasser au point du jour,
Et je ne le crois pas encore de retour.
Oh Dieu! s'il n'allait plus revenir, si son âme
S'était enfin ouverte aux conseils d'une femme!
S'il courait regagner la Loire, où nos soldats
Réclament sa présence, avides de combats!...
     Henri paraît au fond, suivi de Rapin.
C'est lui!

    HENRI, *lisant le billet de Pandore.*
    Pandore!

      RAPIN.
     Allons, toujours même démence;
La chasse est terminée, et l'amour recommence!
Oui, sire, c'est charmant!...
   Il tombe dans un fauteuil avec l'air du désœuvrement
        et de l'ennui.
     MATURINE.
        Vous que la nuit de mort
Moissonna, gémissez! votre vengeur s'endort!...
        Courant à lui.
Que votre majesté ne s'est-elle échappée...
     HENRI.
Vraiment, c'eût été faire une belle équipée!
J'arrive, tout le monde est inquiet de moi,
Tout s'agite; on me mande au cabinet du roi.
J'y trouve les mignons plus raides que leur fraise,
Puis tout le parlement, puis la garde écossaise
Sur le point de courir après le fugitif,
Et de le ramener au Louvre mort ou vif;
Puis ma pauvre moitié gravement compromise
Pour l'heure de retard que la chasse m'a prise.
On la gourmandait fort. Soudain j'entre botté,
Riant, épanoui : fi de la liberté!
C'est ici le séjour de l'allégresse humaine!
Voilà votre captif, sire, je le ramène!
O ma chère famille, à toi tous mes instants!...
Je les embrasse, et tous me semblent très-contents;
Caylus et Maugiron pleurent à chaudes larmes,
Et l'attendrissement gagne jusqu'aux gendar-
    A part.   [mes!...
C'est un jeu, mes beaux fils, mais nous verrons
             [enfin
De vous ou du Gascon qui sera le plus fin.
  Haut.
Ah! du moins, j'ai l'amour qui m'accueille et me
     MATURINE, *à part.*   [fête!
Déjà!
    HENRI, *montrant le billet de Pandore.*
    Rien que deux mots : cette nuit!
     MATURINE, *à part.*
         Il s'apprête
Quelque embûche, à coup sûr! Mais quoi? comment
            [savoir?...
    Haut.
C'est une chose triste, ô mon roi, de vous voir
Perdre le temps aux pieds de cette idole indigne!...
Faut-il donc qu'à ses maux le pays se résigne?
     HENRI.
Çà, folle, brisons là! j'étais encore en deuil
De la reine ma mère : une nuit, à mon seuil,
Mes pages, pris de vin, trouvèrent une femme

Vêtue aussi de noir, la traitèrent d'infâme,
Et comme bruyamment ils lui faisaient affront,
J'accourus; cette femme avait un masque au front,
Je le touchai, mais elle, à la fois humble et fière,
Me cria : Pitié, sire, au nom de votre mère!
Et de mon père aussi, que je n'ai plus, hélas!
Ne me démasquez pas, ne m'interrogez pas!...
Je veux cacher toujours mon nom et mon visage!...
Je viens de loin vers vous, seule avec mon courage;
Je viens pour vous servir à tout prix, gardez-moi!
Il n'est rien de trop bas pour votre esclave, ô roi!
Et, pour moins vous quitter, si vous le voulez,
Je serai votre folle, et je vous ferai rire!... [sire,
Loin de là! tu n'es pas très-gaie en me servant;
Tu poursuis je ne sais quelle idée, et souvent,
Après t'avoir, la nuit, vue errer comme une ombre,
On te trouve à mon seuil, dormant dans un coin
             [sombre.
Ensuite tu n'as point quitté tes noirs habits,
Qui font tache au milieu de l'or et des rubis
Du Louvre éblouissant; tu parles politique
Et te poses parfois en pythonisse antique!...
Tiens ta promesse autant que je tiens mon ser-
Du diable si je sais ton âge, seulement! [ment.
Ainsi donc, fille ou femme, ou grand'mère, à ton
      MATURINE, *à part.*   [rôle.
O supplice!

      HENRI.
     Dis-nous quelque chose de drôle,
Maturine, voilà Rapin qui bâille.
           A Rapin.
         Eh bien!
A quoi penses-tu là, mon cher poëte?
      RAPIN.
          A rien.
Je m'ennuie...
     HENRI.
     Ah! l'ingrat! quitter si bonne école!
Quand de ses doux talents chaque beauté raffole,
Et que dans tous les cœurs ses vers sèment la mort!
     RAPIN.
Est-ce que, par hasard, vous vous amusez fort,
Vous, sire? D'un seul mot, tenez, rompons la
           [glace.
Non, Henri, ce n'est point ici qu'est notre place!
Moi poëte, et vous roi, nous perdons notre temps!
Vivre ainsi désœuvrés, las de tout, mécontents
Des autres et de nous, c'est peu de chose encore :
Mais comment supporter l'ennui qui nous dévore,
L'atroce ennui?... Non, l'art, à cette heure, n'est
Un canevas brodé d'ornements superflus, [plus
Un refrain de taverne, un luxe de ruelle;
La muse va vêtir une robe nouvelle,
Et, comme une Minerve, aux yeux du genre hu-
            [main,
Surgir le casque au front et le glaive à la main!
Le monde a d'autres mœurs, il faut un autre style!
Cueillons les fruits amers dont ce siècle est fertile!
Nous n'avons plus ici les ruisseaux argentés
Que les Grecs aimaient tant, et qu'ils ont tant
           [chantés...
De nos fleuves à nous les ondes sont rougies,

Et c'est du sang qu'on boit dans toutes nos orgies!
Nous, qu'on rangea longtemps, poëtes fous et
[vains,
Parmi les chèvres-pieds et parmi les sylvains,
Rions encor, rions, mais qu'on craigne ce rire,
Car il montre les dents et mord! A moi, satire!
Écume!... la colère enfante les beaux vers!...
Calme comme un bourreau, frappe sur les pervers!
Sur tous! sur moi! sur vous que la France ré-
[clame,
Et qui, pour l'oublier, raillez quand on vous blâme!

MATURINE.

Sire, la royauté doit les briser aussi
Les indignes liens qui l'enchaînent ici!
Réveille-toi, lion!... Dans les instants d'épreuve,
Les chefs des nations doivent faire peau neuve,

Henri tire à demi son épée et la laisse retomber aussitôt.

HENRI, *à part.*

Mon cœur, il n'est pas temps encor de déborder!
Patience!...

RAPIN.

Le roi vient de me demander
Quelle était ma pensée : eh bien! je vais la dire,
Toute pleine d'orgueil qu'elle est. Je songeais, sire,
Que, plus tard, de la main qui signe mes écrits,
Je pourrais vous ouvrir les portes de Paris.

HENRI.

Va, la gloire est amère aussitôt qu'on y goûte.
Que gagna Charles-Quint à ses combats?... La
[goutte.
Je chasse, fais des vers, ami, restons-en là.
Nous ne sommes tous deux vraiment bons qu'à cela.

RAPIN, *à part.*

Railleur insaisissable!...

HENRI.

On approche... Silence.

Allant à la porte du fond.

Ce sont les favoris! encore quelque offense
A dévorer, sans doute!

RAPIN.

Ah! tant mieux! nous allons
Nous divertir. Du Guast paiera les violons.
Je suis en verve.

~~~~~~

SCÈNE III.

LES MÊMES, DU GUAST, CAYLUS, MAUGIRON,
SAINT-LUC, D'ÉPERNON, GRAMMONT, *puis*
ÉVOÉ LA FORTUNE.

*Les favoris entrent bruyamment; Du Guast s'approche
de Henri et le salue avec une affectation railleuse.*

DU GUAST.

Prince!...

HENRI.

Un roi s'appelle sire,
Monsieur Du Guast. Le vôtre, à ce que j'entends
[dire,
Croit valoir tous les rois par l'histoire cités,
Et se fait à lui seul nommer leurs majestés.

Les Charles, les Louis, les François, mes ancêtres,
Prenaient sire tout court; je fais comme eux, mes
[maîtres,

DU GUAST.

Eh bien donc, sire, au bas des degrés du palais,
Vilement confondu parmi tous nos valets,
Un noble, un capitaine, un grand homme de guerre
Attend qu'il puisse ici, les deux genoux en terre,
Rendre hommage à son roi. Le monarque gascon
Voudra-t-il l'appeler du haut de ce balcon?...

HENRI.

Eh! messieurs, la valeur n'est pas chose commune.
Le roi peut accueillir le soldat de fortune.
Rapin, fais-le monter.

Rapin sort.

DU GUAST, *à Henri.*

C'est un drôle bavard,
A la barbe turquesque, aux sourcils en poignard.
De l'air le plus mordant il bride sa moustache,
Et porte à la pendarde un immense panache.
Entendez-vous d'ici sonner ses éperons?
En un mot, c'est, je crois, l'empereur des poltrons!

Bas aux favoris.

Admirez-vous le choc des deux grands person-
[nages!...

A Henri.

Vous allez avoir, sire, un conseil des plus sages :
Une folle, un poëte,

Montrant Évoé la Fortune qui entre avec Rapin.

Et ce vaillant...

Rires étouffés parmi les courtisans.

RAPIN.

Ma foi,
Quand vous aurez fini, je commencerai, moi!

*Évoé s'est arrêté au seuil, les yeux attachés sur Henri
avec admiration.*

ÉVOÉ.

Cap de Diou, le beau roi!...

Les rires augmentent.

HENRI, *à Maturine.*

Ma pauvre Maturine,
Il faut, en mauvais jeu, faire au moins bonne mine.
C'est ma devise. Allons,

A Évoé.

Çà, quel est votre nom,
Monsieur...

ÉVOÉ.

Vous le savez, sire, car le renom
D'Évoé la Fortune a franchi les deux pôles;
Mieux que celles d'Atlas on connaît mes épaules...

SAINT-LUC.

Par derrière.

MATURINE, *à part, et regardant Évoé.*

Sa voix! son regard! juste Dieu,
Si c'était lui!... Mais non!...

ÉVOÉ, *se démenant.*

Maugrebleu! testebieu!...

MATURINE, *à part.*

Sous l'étrange costume où je le vois paraître,
Plus je l'observe, et plus je crois le reconnaître.

*Elle suit tous ses mouvements avec l'attention la plus
pénétrante.*

ÉVOÉ.

Le grand tueur qui seul sait estramaçonner,
~~~~~~

Volter, passer, carter, engager, flanconner,
Estocader enfin, et qui peut, s'il s'en pique,
Vous faire de la Chine ou bien de l'Amérique
Une basse-cour, sire, en dégageant ceci
Du fourreau seulement; devant vous, le voici!...
La nature, un beau jour, saisit toutes les âmes
Des antiques héros, en combina les flammes;
Puis ayant calciné, rectifié, limé
Ce divin alliage, en fit un sublimé
Qu'elle mit dans mon corps!...

   HENRI.
      Ainsi donc, mon terrible,
Avec votre secours nous serons invincible.
Quand écraserons-nous nos ennemis?...

   ÉVOÉ.
        Le jour
Où je les tiendrai là ces beaux muguets de cour,
Comme vous, messeigneurs, justice sera faite,
Et vous les verrez tous dans la même défaite:
Exterminés.

   MAUGIRON.
    Vraiment, monsieur, je pense bien
Que le beau sexe doit vous adorer. Combien
Avez-vous victimé d'innocentes?

   ÉVOÉ.
       Le sais-je?...
Sait-on ce que Phœbus a fait fondre de neige!...
Mais l'amour me distrait, dérange mes combats,
Et je plane trop haut pour descendre si bas.
C'est une potion trop sucrée et funeste:
Si j'en use, j'en use en grand, comme du reste.
Est-ce à moi d'imiter tous ces tristes oisons
Qui vont au seuil aimé roucouler des chansons,
Loucher d'un œil mourant, se morfondre en au-
       [bades,
Jeter des cris affreux, faire mille gambades,
Adorer un chiffon de l'air le plus coquet,
Injurier la porte et baiser le loquet?...
Fi! j'entre en conquérant! et maris et serrures,
Tout craque!...

   MAUGIRON.
    Par la peste, on doit en voir de dures!...

   ÉVOÉ.
Une femme jadis causait force malheurs,
Ne mangeait que des cœurs, ne buvait que des
Lors de Deucalion la terre fut noyée, [pleurs:
Cette femme au rebours l'aurait incendiée
Par le feu de ses yeux, le monde allait périr,
C'est moi qui fort à temps daignai le secourir.
Je devins tout d'un coup prince de ses pensées,
Duc de ses volontés à la mienne enlacées,
Marquis de sa parole et de ses actions,
Enfin comte et baron de ses conceptions...
Je la pendis au croc de ma moustache!...En somme,
La femme doit toujours être esclave de l'homme.
Haro sur le soldat qui porte des jupons!
Vous ferez comme moi désormais, j'en réponds,
Vous n'aimerez plus, sire!

   RAPIN, à part.
    Eh! de la raillerie
Aussi.

   HENRI, aux courtisans.
   Combien a-t-il pour cette comédie?

   DU GUAST.
Mais c'est très-sérieux: c'est bien un vrai Gascon,
Un enfant de ce sol en héros si fécond,
Sire, et c'est votre sang qui coule dans les veines
De tous ces hobereaux devenus capitaines.

   MATURINE, bas à Évoé.
N'aviez-vous pas vingt ans lorsque Montgommery,
Le grand chef huguenot, sous la hache a péri?...
   Évoé tressaille et la suit des yeux.
     A part.
Plus de doute, c'est lui!...

   DU GUAST.
     Bien qu'Henri trois soit triste,
Au rire en vous voyant se peut-il qu'il résiste?

   SAINT-LUC.
Quel costume galant!

   MAUGIRON.
     Quel aspect triomphal!
Le moyen d'y tenir!...

   DU GUAST, à Henri.
      Cette nuit, sire, au bal,
Venez le présenter.
  Les rires des favoris ont redoublé. Rapin s'avance vers
      eux.

   RAPIN.
    Les charmants gentilshommes!
Que la cour d'aujourd'hui regorge de grands hom-
       [mes!...
Quels cœurs et quels talents! gens de goût, gens
Et surtout gens de bien!... [d'esprit,

   DU GUAST, à Rapin.
     Plus d'un railleur apprit
A ses dépens! tais-toi!

   RAPIN.
     Chenille de finance,
Rongeant les belles fleurs du jardin de la France,
Et par l'intrigue seule aux charges arrivé,
Du Guast du bien public a fait son bien privé;
Et cependant, malgré ses énormes recettes,
Ses habits sont encor lardés de vieilles dettes.
D'Épernon, lui, se sauve au premier coup de feu;
Puis en grand appârat, pour remercier Dieu,
Rapporte à Notre-Dame, en ses mains homériques,
Des drapeaux ennemis... sortis de nos fabriques.
Tout rimeur que je suis, je proclame céans
Qu'écrire est aujourd'hui le lot des fainéants.
Pour ne rien faire aussi Saint-Luc fait de la prose,
Maugiron des sonnets tout de musc et de rose;
Nous rappelant tous deux, en leurs concerts nou-
Le rossignolement des ânes et des veaux!... [veaux.
Quant à Grammont, il sait mieux que ses camara-
S'emperler les cheveux, courir les mascarades, [des
Porter un parasol pour n'être pas noirci,
Bégayer, dire: las! ou prendre un air transi.
Du Guast gesticule avec ses compagnons furieux comme
      lui.
Quelle cour! assemblage éblouissant et rare!
Formidables rivaux pour mon roi de Navarre!

   DU GUAST.
Tu paieras cher!...

   HENRI.
    Ayez le calme que j'avais:
Les gens d'esprit, messieurs, ne se fâchent jamais!...

DU GUAST.

N'hésitons plus, amis, châtions le rebelle !...

Ils tirent leurs épées. Rapin prend une plume sur la
table et la dirige vers eux.

RAPIN.

Croisons nos armes, donc !

ÉVOÉ, à part.

L'occasion est belle !...

Haut.

A moi de ferrailler, poëte, bas la main !
Moi, sang-dieu, je n'écris que sur le corps humain !
Une fois sur le pré je me rendis...

MAUGIRON.

Pour paître ?

ÉVOÉ.

Et, comme la divine essence de mon être
Me défend de tuer moins qu'un géant charmé,
Je soufflai sur mon homme et je le désarmai ;
Et puis je l'enlevai, malgré sa grande taille,
Et j'enfonçai d'un coup son corps dans la muraille,
Excepté le bras droit, pour qu'il pût, de ce bras,
M'envoyer un salut que je ne rendis pas...

Aux favoris.

Prenez-y garde !

SAINT-LUC.

On va recommencer à rire.

DU GUAST.

Allons ! puisque tu veux guerroyer, triste sire,
Ton heure ?

ÉVOÉ, tirant gravement un carnet.

J'ai des duels de séjour en séjour,
Pour tout jour de l'année et toute heure du jour,
Pendant un demi-siècle. Alors si nous y sommes,
Nous nous battrons, marquis, comme il sied à des
Vois, mon carnet est plein...   [hommes.

DU GUAST.

Poltron, tu perds ton temps !

Il lui jette son gant au visage.

ÉVOÉ, bondissant.

Ah ! par le ciel !...

Reprenant son calme, où perce pourtant l'émotion.

L'honneur a compté mes instants.
Une chose pourtant peut me faire combattre.
Un ennemi tout seul est trop facile à battre :
Je vous veux tous !...

MAUGIRON.

Le fait est curieux.

DU GUAST.

Demain ?

ÉVOÉ.

A la même heure, ici. Passez votre chemin.

MAUGIRON.

Au bal, messieurs !...

Ils sortent.

HENRI, à part, considérant Évoé.

Pardieu ! qui peut être ce drille ?

A Rapin.

Poëte, avant la gloire on trouve la Bastille
Et j'en ai peur pour toi.

Dès qu'ils sont sortis, Évoé s'élance vers Maturine, qui
se démasque.

SCÈNE IV.

MATURINE, ÉVOÉ.

ÉVOÉ.

Ma sœur !...

MATURINE.

Montgommery !..

ÉVOÉ.

Ah ! comment se fait-il que ma sœur soit ici ?
Des attributs de folle indignes d'une femme,
Un masque sur le front, une marotte infâme !...
Que croire, malheureuse ?...

MATURINE.

Et qui reconnaîtrait
En toi le puritain toujours sombre et discret ?

ÉVOÉ.

J'ai mes raisons.

MATURINE.

Et moi, j'ai les miennes.

ÉVOÉ.

J'en doute,
Maturine.

MATURINE.

Je dois ne rien cacher, écoute,
Et tu pardonneras ensuite, s'il le faut :
Quand notre père, ami, fut mort sur l'échafaud
Et qu'on eut dispersé notre famille entière,
Proscrit, dépossédé, tu partis pour la guerre ;
Tu courus de la Flandre attaquer les tyrans :
Moi, je demeurai seule avec de vieux parents.
Actif comme le tien, mais frappé d'impuissance,
Mon cœur, jeune par l'âge et mûr par la souffrance,
Se tourna sur lui-même, en proie à des combats
Aussi rudes que ceux que tu livrais là-bas. [grève,
Comme on ne me laissait qu'un peu d'air et de
Ce fut vers les lointains que s'envola mon rêve,
Et ce rêve, c'était un amour insensé
Pour une ombre, un espoir ardemment caressé ;
Mais aussi loin de moi, pauvre fille exilée,
Que cette terre est loin de la voûte étoilée !...
Lorsque tu me vantais les exploits du héros
Dont les geôliers pouvaient devenir les bourreaux,
Tu ne te doutais pas alors que dans mon âme
Ces récits allumaient un amour dont la flamme
Me dévora bientôt. Enfin, périls, remords,
Reproches des vivants, anathème des morts,
Je bravai tout, je vins !... Pour rester inconnue
Dans ce Louvre où jadis j'étais déjà venue,
Pour pouvoir de plus près le servir et le voir,
J'ai pris ce vêtement, mais je l'ai gardé noir,
Mon frère, et puis mes pleurs en ont lavé la honte !

ÉVOÉ.

Et le roi t'aime-t-il ?

MATURINE.

Non ! si je te raconte
Tout ce que j'ai souffert dans mes jours d'abandon,
Lorsqu'arriva pour moi la désillusion,
Lorsqu'Henri sous mes yeux, aux pieds d'une mal-
                                              [tresse,
Par de doux entretiens exprimait sa tendresse,

Ou qu'il me confiait avec enivrement
Les rêves, les douleurs, les transports d'un amant;
Et que moi j'étais là, sous ce masque impassible,
Près de m'évanouir dans une angoisse horrible,
Tu pleureras, soldat!...

ÉVOÉ.

L'aimes-tu toujours, toi?...

MATURINE.

Je n'aime plus Henri, j'aime encore le roi,
Car où finit l'amour le dévouement commence,
Et le mien est réel, grave, profond, immense :
Je cherche à réveiller ses belliqueux instincts
Que les frivolités semblent avoir éteints;
Sa gloire seule en moi tuerait la jalousie,
Et pour le délivrer je donnerais ma vie!...

ÉVOÉ.

C'est bien. Je t'aiderai. Chargé près d'Henri trois
Des intérêts flamands qui pourront, je le crois,
Contre les favoris protéger ma venue
Lorsque ma mission de lui sera connue,
Je viens sous cet abri presser l'évasion
Du Béarnais qui doit sauver la nation!
Me voici dans la place, et c'est beaucoup.

MATURINE, à part.

Dieu! l'heure
Va bientôt arriver!...

ÉVOÉ.

La royale demeure
Est pleine d'espions. Je te quitte; avant peu
Tu sauras mes projets.

MATURINE.

Remettant son masque.

Oui, sors... par là...

Il sort par la droite.

Mon Dieu,
Mon Dieu, ne rien pouvoir!...

Rapin entre tout effaré. Henri le suit en riant.

~~~~~~

SCÈNE V

MATURINE, HENRI, RAPIN, PUIS UNE DUÈGNE
ET UN PAGE.

HENRI.

Que te prend-il, poëte?

RAPIN.

Eh! sire, tout à l'heure, une femme m'arrête
Et me dit : je viendrai vous chercher à minuit,
Car ma maîtresse veut vous parler cette nuit.

HENRI.

Le beau malheur, vraiment, si la dame est jolie!...

RAPIN.

Ma foi, je n'en sais rien, et voici ma folie!
Cela dure déjà depuis longtemps. On vient;
On me bande les yeux; de fort près on me tient,
On me guide à travers de longues galeries,
Des escaliers, des cours et des orangeries,
Puis un tapis soyeux remplace le pavé,
Puis...

HENRI.

Alors le bandeau de tes yeux est levé...

RAPIN.

Pas du tout, car la duègne avant de me le mettre

Pour la première fois, sire, m'a fait promettre
Par les plus grands serments...

HENRI.

Et tu les tiens! vrai Dieu,
Si j'étais à ta place!... Est-elle de bon lieu?
A-t-elle de l'esprit, au moins?...

RAPIN.

Je vous confesse
Que je l'ignore aussi tout à fait; ma déesse
Me souffle à peine mot.

HENRI.

Que faites-vous alors?

RAPIN.

De la même manière on me conduit dehors.

MATURINE, à part.

Quelle inspiration!...

HENRI, à Rapin.

Et tout cela t'amuse!...

RAPIN.

Cela m'assomme.

MATURINE, avec effort à Henri.

Eh bien! donnez une autre muse
A Rapin, et changez de conquête avec lui.

HENRI, à Rapin.

Le veux-tu?

RAPIN.

De tout cœur.

HENRI.

Ma belle d'aujoud'hui
C'est Pandore : prends-la. Dès demain, je l'es-
Je te dirai le nom de la tienne, compère. [père,
On va venir nous prendre, échangeons nos man-
[teaux,
Redresse un peu ta taille et souffle ces flambeaux.

L'heure sonne.

Minuit...

Entre un page par la gauche.

A Rapin.

Voici le page et l'intrigue commence.

LE PAGE, à Rapin.

Sire...

HENRI, à Rapin.

Va donc.

RAPIN.

C'est vrai.

Entre une duègne par la droite.

LA DUÈGNE, à Henri.

Seigneur Rapin!

HENRI.

Silence!
C'est moi.

Elle lui bande les yeux. — A part.

L'affreuse duègne, autant que j'ai pu voir!
Donc, raisonnons : la dame est belle, bon espoir!

RAPIN, à part.

De l'aplomb et mettons le plumet sur l'oreille.

HENRI.

Advienne que pourra!

TOUS DEUX.

Marchons.

Ils sortent.

MATURINE.

Et moi, je veille!
~~~~~~

ACTE DEUXIÈME.

La chambre de Marguerite de France. Le théâtre est faiblement éclairé par une seule lampe. Deux issues latérales.
Grande porte au fond.

SCÈNE PREMIÈRE.

MARGUERITE DE VALOIS.

Le temps se passe, encor personne; il tarde bien.
O Dieu! comme son cœur a bien compris le mien!
N'avoir jamais levé son bandeau, quoiqu'il m'aime!
Que c'est noble et discret!... Mais j'en souffre moi-
                       [même.
J'étoufferai bientôt des scrupules trop vains,
Et je vous l'ôterai, poète, de mes mains!...
La pure et douce intrigue où l'âme se repose!
Comme de riens charmants mon bonheur se com-
Accompagner au luth les vers chantés par lui, [pose!
Et trouver que le temps trop vite s'est enfui,
Voilà tous mes plaisirs! jouissances intimes
Que cause l'heureux choix des refrains et des rimes;
Le vulgaire, occupé de sentiments trop bas,
En me calomniant ne vous comprendrait pas.
Il vient!...

On voit la duègne écarter la tenture de droite et pousser
dans la chambre Henri, dont les yeux sont bandés.

SCÈNE II.

MARGUERITE, HENRI.

HENRI, *à part.*
      Ah! le tapis!... L'émotion étrange
Qui me prend. C'est le ciel, mais je n'entends pas
                     [l'ange,
Pas le moindre bruit d'aile!
      Se jetant dans un fauteuil.
          Ouf! je peux bien m'asseoir.
Cette duègne m'a fait assez marcher ce soir.
Dans ce large fauteuil je me sens fort à l'aise:
J'y suis comme chez moi...
         Tourmentant son bandeau.
           Ce bandeau-là me pèse!
    Il le soulève du côté opposé à Marguerite.
Qu'il fait sombre!... On dirait que je connais ces
Cela se pourrait bien, [lieux.
  *Marguerite s'est approchée peu à peu et lui prend la
    main.*
      Ah! tout va pour le mieux!...
    MARGUERITE, *à part.*
Il me semble plus grand...
      HENRI, *à part,*
         La douce et longue étreinte!
On peut baiser toujours cette main-là sans crainte!
J'ai hâte de savoir si tout est aussi beau...
Risquons l'aventure...
  Il arrache son bandeau; Marguerite recule avec effroi.

MARGUERITE, *haut.*
      Il ôte son bandeau!
Ciel!
      HENRI, *haut.*
   Cette voix!
      MARGUERITE.
   Le roi!
      HENRI.
      La reine!
      MARGUERITE.
          Je suis prise!...
      HENRI, *à part.*
C'est neuf et curieux!
    Moment de silence et d'embarras. Haut.
          Je conçois la surprise
De votre majesté... moi-même... assurément...
Mais enfin... Cette nuit il fait un temps charmant,
La lune a des reflets très-bizarres.
               A part.
              Du diable,
Si je saurai sortir de ce pas effroyable!
Que dire?...
      MARGUERITE, *à part.*
   Soyons franche.
      HENRI, *à part.*
         A coup sûr, c'est scabreux!
Faut-il se dévorer, se faire les doux yeux,
Se quitter à l'amiable?...
      MARGUERITE.
         Asseyez-vous donc, sire...
On vous voit rarement...
      HENRI, *à part.*
         Plus qu'on ne me désire.
Il faut bien s'aborder!...
      Haut.
        Pourquoi donc, entre nous,
Avoir tant fait courir cette nuit votre époux?
      MARGUERITE.
Je dois, je le comprends, vous sembler bien cou-
      HENRI.   [pable.
Pas du tout.
      MARGUERITE.
   N'ayez pas ce sang-froid implacable.
      HENRI.
Moi? je ris.
      MARGUERITE.
      Écoutez. J'aime beaucoup les vers
Et mes palais à l'art furent toujours ouverts:
Je suis une Valois, j'ai les goûts de ma race;
De François, mon aïeul, j'aime à suivre la trace.
Les vers, c'est mon bonheur, ma santé! Mes repas
Seraient fort attristants, je ne mangerais pas,
Si quelque grand lettré, si Pitard, par exemple,

Lévite qui de l'art m'ouvrit souvent le temple,
Ne m'entretenait point des atomes menus
Du savant Démocrite autrefois bien connus ;
Si tout, matière, esprit, sentiments platoniques,
Éléments épurés, nombres pythagoriques...

HENRI.

Oui, vous parlez Phébus à la mode du temps.
Mais après...

MARGUERITE.

J'estimais déjà depuis longtemps
Les œuvres d'un rimeur que la France renomme,
Sire, monsieur Rapin...

HENRI.

Un fort galant jeune homme.

MARGUERITE.

Lorsque, pour dissiper un peu de mon ennui,
Je le fis une fois conduire ici la nuit,
Je trouvai gracieux d'y mettre du mystère,
Parce que, sans cela, rien n'a de prix sur terre.
Puis, j'ai toujours été bizarre.

HENRI.

Enfant !... pourquoi
N'avoir pas pris Pitard ? j'aurais pris Pitard, moi.

MARGUERITE.

Oh ! quand de ses beaux chants s'épancha l'harmo-
Il exerça sur moi l'empire du génie ;   [nie,
Et l'esprit satisfait du premier entretien,
Je le fis revenir de temps en temps.

HENRI.

Eh bien !
Encor?...

MARGUERITE.

C'est tout.

HENRI.

Voyons, soyez tout à fait franche ;
Vous ne dites pas tout.

MARGUERITE.

Sire...

HENRI.

Votre main blanche
A quelquefois touché la sienne... en badinant ;
Et puis, avouez donc, je sais tout maintenant.

MARGUERITE.

Le roi sait...

HENRI.

Voyez-vous, vous cachiez quelque chose !
A part.
Voilà l'instant critique ! allons, bien fou qui n'ose !
Poussons ferme, et sauvons l'apparence du moins !
Haut avec tendresse.
Ma reine, j'en voudrais avoir mille témoins,
Vous m'aviez reconnu !...

MARGUERITE.

Quand ?

HENRI.

Cela se devine.

MARGUERITE.

Non pas...

HENRI.

Vous me jouez d'une façon divine ;
Jamais monsieur Rapin n'a mis les pieds ici,
J'ai toujours pris sa place en m'affublant ainsi.

MARGUERITE, à part.

Comme il ment !

HENRI, à part.

C'est absurde et très-sot, mon histoire ;
Mais il suffit qu'elle ait au moins l'air de me croire.
Haut.
Quand le roi, quand la cour, quand votre mère,
[hélas !
Cherchaient à désunir et nos cœurs et nos bras,
C'étaient de doux moments que nous volions en-
[semble
A leur inimitié !... Comme votre main tremble !
Elle tremblait ainsi, nous le rappelons-nous,
O ma reine, une fois que, tombant à genoux,
Seul, dans l'ombre, j'osai...

MARGUERITE.

Qu'osâtes-vous donc, sire?

HENRI.

J'osai...

MARGUERITE.

Dites...

HENRI.

Cédant à mon fougueux délire !...
A part.
Je ne la trouble point, et suis déconcerté
Par son air d'innocence et de sincérité.

MARGUERITE, riant.

Qu'osâtes-vous enfin ? Ah ! je me le rappelle,
Un baiser sur la main...

HENRI.

C'est une bagatelle,
Certes...

MARGUERITE.

C'est un remords...
Mouvement d'Henri.
Qui n'est pas bien pesant.

HENRI, à part.

A merveille ! c'est moi que l'on raille à présent.

MARGUERITE, à part.

D'un supplice plus long je dois lui faire grâce.

HENRI, à part.

Je ne pourrai jamais sortir de cette impasse !
Avec cela, j'ai pris un stupide moyen,
Pour savoir quelque chose ! Et s'il n'existait rien !
Souvent, chez une Aminte, helléniste et bavarde,
L'esprit contre le cœur est une sauvegarde ;
Il se peut que le mal ne soit pas trop affreux.
Me protége Apollon !

MARGUERITE.

Vous êtes soucieux,
Sire : allons droit au but, si telle est votre envie.
Cœur qui n'a pas d'amour n'a pas de jalousie :
Quand je vous tromperais, vous n'auriez pas le
De m'accuser ; je sais ce que je dois au roi,   [droit
Je ne l'oublierai point. Mais le mari me laisse,
Au milieu des dangers, seule avec ma faiblesse,
Et n'a pas honte, Henri, me fuyant nuit et jour,
D'afficher en ces lieux plus d'un indigne amour !
Cette Pandore !... Enfin, lorsque j'étais souffrante
Dernièrement, au lit, seule, presque mourante,
Vous n'êtes pas venu de moi vous informer !

HENRI.

Eh! madame, comment pourrai-je vous aimer?
Je me rappelle trop la nuit des épousailles
Qui devint le signal de tant de funérailles!
Votre entourage aussi me fut toujours fatal!
On a tué ma mère et monsieur l'amiral,
Et mes bons serviteurs; et l'on n'a guère envie
De me mieux traiter, moi! je crains tout pour ma
[vie!
Au nom d'un Dieu de paix, que ne divorçons-nous?

MARGUERITE.

Ce serait votre mort!

HENRI.

Que vous importe, à vous?

MARGUERITE.

J'ai reçu votre nom et je suis votre femme,
Et si je l'oubliais, je serais une infâme!
Vos intérêts sont miens, et je les défendrai
Contre tous, majesté, comme un dépôt sacré!...
Quand il s'agit de vous, mon serment est sincère,
Il n'est plus à mes yeux de frère ni de mère;
Et si je ne suis bonne à rien qu'à protéger
Mon époux et mon maître à l'heure du danger,
J'en bénis Dieu!... Sortez triomphant de la lutte,
Et sans craindre la honte ou l'éclat de ma chute,
S'il en résulte un bien pour vous, pour le pays,
Je vous dirai : Brisons nos liens! j'obéis!...
Mais si dans un moment d'amoureuse faiblesse
Vous vouliez couronner, sire, quelque maîtresse,
Je vous résisterais; car le sang a ses lois,
Et cette femme faible est fille des Valois!...

HENRI.

Marguerite...

MARGUERITE.

Il faut fuir, Henri!...

HENRI, à part.

Serait-ce un piége?

MARGUERITE.   [siége,
Chaque jour on m'entoure, on me presse, on m'as-
Pour que je vous trahisse! on vous a condamné!
Oh! suivez le conseil que je vous ai donné!
Fuyez, il en est temps encor!...

HENRI.

Par quelle voie?

MARGUERITE.

Je voulais vous parler; c'est Dieu qui vous envoie!
Oublions tout le reste, et n'ayons d'autre but,
Sire, que votre gloire et que votre salut!...
On a gagné pour vous les gardiens d'une porte;
A cent pas du rempart vous attend une escorte
Avec de bons chevaux, et dans la nuit, demain,
De la Loire, au galop, vous prendrez le chemin.

HENRI.

Qui donc eut soin de tout?

MARGUERITE.

Moi seule! ayez courage!...
Notre chambre... ma chambre est au deuxième
Sur le fossé, la ronde y passe rarement;   [étage,
C'est par là qu'il faudra vous échapper!...

HENRI.

Comment?

Par où?

MARGUERITE.

Par la fenêtre...

HENRI.

Oui, le conseil est sage,
Mais on se rompt le cou!
Marguerite s'est approchée d'un meuble et en tire une
échelle de soie.

MARGUERITE.

Dans mes jours de veuvage,
Voilà ce que j'ai fait de mes mains!...

HENRI, bondissant.

O bonheur!
Une échelle de soie! Oh! merci, mon sauveur!
La liberté!... Des pleurs je n'ai point l'habitude,
Vrai Dieu, mais une larme a mouillé ma main
Respirer le grand air! entendre le canon,   [rude!
Et de mes montagnards être le compagnon!
Vous devoir tout cela!... Vos mains que je les
[presse!...
Vous êtes une bonne et splendide princesse!
Grandes rumeurs au dehors.

MARGUERITE.

Quel tumulte? quel bruit?

HENRI III, au dehors.

Marguerite, ouvrez-moi!
Il faut que je vous parle et sur l'heure!

MARGUERITE.

Le roi!...

Cachez-vous!

HENRI.

Pourquoi donc?
Il se dirige vers la porte.

MARGUERITE.

O ciel! qu'allez-vous faire?

HENRI.

Vous le voyez, madame, ouvrir à votre frère!...
Il ouvre après s'être caché la figure de son manteau et
de son chapeau. Henri III, sans l'apercevoir, se pré-
cipite dans la chambre au milieu des flambeaux et d'une
foule de courtisans. Sur le seuil, un homme enveloppé
jusqu'aux yeux dans le chapeau et le manteau du roi
de Navarre, et Pandore éplorée s'appuyant sur lui.

SCÈNE III.

LES MÊMES, HENRI III, RAPIN, PANDORE, DU
GUAST, MATURINE, SAINT-LUC, MAUGI-
RON.

HENRI III.

De la force, ma sœur! on a rompu tout frein,
Insulté le parent comme le souverain!

HENRI, à part.

Où veut-il en venir?...

HENRI III.

Jugez-en par ma rage!
Votre époux vous a fait le plus sanglant outrage!
Si sur les résultats d'un hymen odieux   [yeux,
J'ai pu, faible pour vous, fermer longtemps les
Ma clémence est à bout, la mesure est comblée!
Il ne sera pas dit que la foule assemblée
Demain aux carrefours, puisse, sans nul respect,
Prononcer nos deux noms et rire à notre aspect!
Après un tel scandale on doit être inflexible,

Et tout pardon enfin me devient impossible !
Il faut qu'à nous venger je me montre assez prompt
Pour que le châtiment s'apprenne avec l'affront !...

MARGUERITE.

Sire, vous m'effrayez !

HENRI III.

Sommes-nous, à cette heure,
Dans le Louvre, sacrée et royale demeure ?...
Qui cause ce tumulte au milieu de la nuit ? [suit
C'est votre époux, ma sœur, qu'une femme pour—
Pour je ne sais pas trop quelle étrange querelle :
On s'éveille, on accourt, il sortait de chez elle.
Je viens moi-même, et veux avec vous le juger!

Désignant l'homme que tient Pandore.

Cet homme pour nous deux n'est plus qu'un étran-
[ger !
Assez d'affronts ! assez de trouble et d'infamie !...
Séparons-nous enfin d'une race ennemie !
Puisqu'il souille l'asile où nous le nourrissons,
Écrasons le serpent !...

HENRI, à part.

Prenez garde aux tronçons !...

MARGUERITE, à part.

Que dire ?

HENRI III, à l'homme.

Parlez donc ! j'en jure ma colère,
Je vous y forcerai !

HENRI, se découvrant.

Bonsoir, mon cher beau-frère.

Henri III est atterré. Saisissement général.

TOUS.

Le roi ! Le Béarnais est un peu trop barbon

HENRI, à Pandore.

Pour être pris ainsi.

HENRI III, à part.

D'où sort-il donc ?

DU GUAST, bas, à Pandore.

Tiens bon !...

HENRI III, courant à l'homme.

Quel est cet autre, alors ?

Il lui arrache son chapeau, le manteau s'écarte, et on
reconnaît le poëte.

TOUS.

Rapin ! Rapin !...

RAPIN.

Lui-même,
Qui se trouve, à coup sûr, en embarras extrême,
Qui dans ce labyrinthe est égaré très-bien, [rien
Qui voudrait tout comprendre, et qui ne comprend
Donc, s'il vous plaît, le mot de l'énigme.

HENRI, à part, le regardant.

Pauvre homme !

PANDORE, avec vigueur, à Henri.

Mais, sire, cette ruse est inutile en somme !
Ce n'est pas à Rapin que j'en veux, c'est à vous,
Et vous restez toujours coupable aux yeux de tous.
Je ne m'explique point comment il peut se faire
Qu'il vous remplace là, ce n'est pas mon affaire ;
Jamais, avant ce soir, il n'est venu chez moi,
Et depuis trop longtemps vous y venez ?...

HENRI, à part.

Ma foi,

Je suis fort empêché !...

HENRI III, à Henri.

Répondez.

A part.

La petite
Ne manque pas d'esprit.

A sa sœur avec triomphe.

Il se tait, Marguerite !

MARGUERITE.

Cette femme vous trompe en se trompant aussi !
Je vous avoue un fait ignoré jusqu'ici :
J'aimais mon mari, sire, et j'en étais jalouse,
Et je voulais sauver mes droits sacrés d'épouse!
Séduit, comme le sont tant de nos jeunes fous,
Il reçut de madame un galant rendez-vous ;
Je l'appris, et je sus dès lors, avec adresse,
Substituer pour lui la femme à la maîtresse ;
Car notre ami Rapin fidèlement me sert :
A la faveur de l'ombre, avec moi de concert,
Il se rend chez Pandore ; et le roi, de la sorte,
Voit, presque chaque nuit, s'ouvrir pour lui ma
[porte.

A Pandore, avec une ironie destinée à Rapin.

Vous ne perdez pas trop au change, assurément,
Madame, et de mon choix je vous fais compliment.

PANDORE, à Du Guast.

Je ne trouve plus rien à dire, c'est étrange !

DU GUAST.

Parle toujours !...

PANDORE, à Marguerite.

Madame...

MARGUERITE.

Ah !...

MATURINE, bas, à Rapin.

Soyez son bon ange !

Sauvez-le !...

PANDORE.

Mais,...

MARGUERITE.

Je suis sœur et femme de roi ;
Taisez-vous, je le veux !

Bas à Henri en montrant Rapin.

Qu'il dise comme moi,

Et nous réussirons...

Avec effort, à Henri III.

Demandez au poëte.

RAPIN.

Dût la foudre éclater maintenant sur ma tête,
J'affirme que la reine a dit vrai !

MARGUERITE, à Henri III.

Vous voyez,

Sire.

RAPIN, à part.

Le sol commence à trembler sous mes pieds.

PANDORE, à Rapin, avec explosion.

C'était donc vous, alors !

RAPIN.

Moi !

A part.

J'ai l'effroi dans l'âme !

PANDORE, à part.

Tu fais manquer nos plans, tu le paieras !

Haut.

Infâme !

HENRI.

Console-toi, Pandore, et cesse de pleurer.
Avec un mariage on peut tout réparer.
A bon rimeur, bon roi, Rapin! guerre pour guerre!
Je te fais tout d'un coup duc de la Rapinière.

RAPIN.

Merci de vos bontés, sire.

Henri et Marguerite se retirent.

A Pandore.

Que veux-tu, toi?

PANDORE.

Vous faire convenir de vos torts envers moi.

Il sort. Elle le suit.

HENRI III, à part.

C'est un chat qui toujours sur ses pattes retombe!
Il faut pourtant qu'enfin l'un de nous deux suc-
[combe!
Mais arrivons au but par d'obliques chemins,
Et laissons nos projets s'accomplir par leurs mains!

Rassemblant les favoris autour de lui.

Nous n'avons plus besoin, messeigneurs d'un di-
[vorce!

A Du Guast.

Je te laisse, marquis, le champ libre, il m'y force!

Il sort. La chambre redevient sombre. Vers la fin de la
scène, Maturine s'est cachée derrière la tenture de
gauche.

SCÈNE IV.

DU GUAST, SAINT-LUC, MAUGIRON, MATU-
RINE, cachée.

DU GUAST.

Seuls enfin! d'Évoé je fais suivre les pas!
Et j'en réponds, du Louvre il ne sortira pas
Avant d'être venu, ce vendeur de fumée,
Soutenir contre moi sa haute renommée!

SAINT-LUC.

L'instant est sérieux : pourquoi tenir ainsi
A ce grotesque duel!

DU GUAST.

N'avez-vous rien saisi
De ce que veut le roi? contre toute croyance
Nous avons échoué : mais notre prévoyance
Malgré ce contre-temps ne peut être en défaut ;
J'ai gardé sous ma main l'instrument qu'il me faut,
Cet Évoé.

SAINT-LUC.

Comment!

DU GUAST.

Henri, roi de Navarre,
Doit mourir, mais on veut que le coup se prépare,
Et soit fait sans éclat, comme par accident,
Qu'il semble enfin à tous l'œuvre d'un imprudent,
D'un ivrogne ou d'un fou : le but de la querelle
Est-il compris alors?

SAINT-LUC et MAUGIRON.

Non.

DU GUAST.

Têtes sans cervelle.

MATURINE, à part.

Quelle angoisse, mon Dieu, si je n'entendais pas!
Je suis trop loin! j'ai peur qu'il ne parle plus bas!

DU GUAST.

Le Béarnais a fait sa paix avec la reine
Et resserre l'anneau de cette douce chaîne.
Il sera là demain. Il accourt seul au bruit.
On ne se connaît plus, on frappe, on se poursuit,
Les flambeaux sont éteints, et quand on les rallume
On trouve au cœur du roi quelque poignard qui
[fume!

Mouvement convulsif de Maturine.

MAUGIRON.

C'est à merveille.

DU GUAST.

Alors le coup de ce stylet,
Que nos mains destinaient seulement au valet,
Semblera par méprise avoir frappé le maître!
D'ailleurs nous aurons bu!

SAINT-LUC.

Certes, cela doit être.

La Folle, après avoir chancelé quelques instants, tombe
sur un siége.

DU GUAST.

On a remué là!... Quelqu'un nous écoutait.

Ils courent tous les trois vers Maturine, qui prend l'attitude d'une personne endormie.

C'est la folle.

SAINT-LUC.

On la nomme en vain, elle se tait.

MAUGIRON.

Elle dort. Bien souvent nous n'avons rien à
Elle s'endort ainsi.   [craindre,

DU GUAST.

Le sommeil peut se feindre!

Il lui appuie son poignard sur la poitrine.

Maturine, sens-tu mon poignard sur ton cœur?
Pas un seul mouvement, pas un frisson de peur!
Elle dort. Cependant une bonne blessure,
Bien mortelle, serait une preuve plus sûre
Que son sommeil est vrai ; mais l'éclat de sa mort
A nos projets, amis, pourrait faire du tort.
Venez.

Ils sortent par le fond, l'œil attaché sur Maturine.

MATURINE, seule.

Merci d'avoir exaucé ma prière,
O Seigneur! J'ai senti fuir sous mes pieds la terre,
J'ai vainement lutté pour demeurer debout,
Mais du moins j'ai gardé ma force jusqu'au bout!
Ah! le danger m'exalte et m'inspire! A mon frère
Je cours tout confier, et demain, je l'espère,
Malgré le Louvre entier contre lui soulevé,
Une seconde fois mon roi sera sauvé!

ACTE TROISIÈME.

Même décor qu'au premier acte.

SCÈNE PREMIÈRE.

RAPIN, PANDORE.

PANDORE.

Allons, mon cher Rapin, une bonne parole !
Quand nous marions-nous ?

RAPIN.

Laisse-moi la paix, folle.
Moi t'épouser !

PANDORE.

Je suis ta victime ! Le roi
Le veut !

RAPIN.

Eh bien ; pardieu, je ne le veux pas, moi !
Est-ce que je vois clair dans ce chaos du diable ?
Comme le cauchemar d'une nuit effroyable,
Tu m'étouffes. Va-t'en.

PANDORE.

Tout est bien simple, ami.
On ne répare point ses fautes à demi !
Veux-tu ?

RAPIN.

Non.

PANDORE.

Veux-tu ?

RAPIN.

Non.

PANDORE.

Alors, c'est la Bastille
Qui doit de mon bourreau me venger, pauvre fille !

RAPIN.

Hein ?

PANDORE.

J'ai l'ordre du roi bien en règle.

A part.

Il a peur.

Haut.

Tu veux donc me réduire, adorable trompeur,
A fermer les verrous sur tes belles années
Qui pourraient près de moi s'écouler fortunées,
A mettre en un cachot privé d'air et de jour,
Hélas ! tant de beauté, de jeunesse et d'amour !
Subis donc ton destin !

RAPIN, l'arrêtant.

Un moment, je te prie !
Sois franche. Allons, ce n'est qu'une plaisanterie,
L'aventure d'hier. Entre nous, tu ne peux
Pas plus que moi, vraiment, la prendre au sérieux.

PANDORE.

C'est infâme. Il en rit ! Ah ! cela me décide !

RAPIN, à part.

De ma personne elle est décidément avide.
Et pourquoi ? le calcul... l'occasion... enfin,
La Pandore se range, et veut faire une fin.
Quoi qu'il en soit, et bien que d'humeur très-re-
                                        [belle,

Il faut l'amadouer, pour me délivrer d'elle.

Haut.

Ah ça, mon beau démon, un tel attachement
De votre part me flatte et me touche, vraiment.
Mais raisonnons. Pourquoi tenez-vous de la sorte
A votre serviteur ? La dot qu'il vous apporte
Est chétive à coup sûr. Un poëte c'est gueux ;
C'est crotté dans l'hiver, dans l'été c'est poudreux ;
Ce n'est bon qu'à traîner à travers quelque rue
Le cuir d'une semelle ingrate et décousue !
De l'ordre social nous sommes les derniers !
Le cent des plus beaux vers se vend quatre deniers,
Et mieux que notre lyre un tambour de Biscaye
Aux mains d'un bateleur sait trouver qui le paye.

PANDORE.

Je vous aime !...

RAPIN.

L'amour et la muse, pardieu,
Font très-mal à Paris bouillir le pot au feu.
Il faut vivre !

PANDORE.

Ou mourir avec vous, j'y suis prête !

RAPIN.

De faim ?...

PANDORE.

De faim.

RAPIN, à part.

Elle a ce mariage en tête
Tout à fait.

Haut.

Nul ne voit que je suis au dedans
Rongé d'ennuis, de maux, et de soucis mordants.
Mon rire sent les pleurs !

PANDORE.

Je serai là sans cesse !
Je vous consolerai, croyez à ma tendresse.

RAPIN.

Cher ange ! écoute encor, ton malheur est certain
Si tu veux partager mon ténébreux destin !
J'ai le cœur inconstant, et l'esprit très-mobile ;
Je suis inabordable en mes crises de bile,
J'ai d'horribles fureurs, j'aime à faire le mal,
Je battrais volontiers... comme c'est pastoral !

PANDORE.

Tu me battras ; je t'aime.

RAPIN.

Et moi, je vous estime !
Je ne trouve plus rien à dire ; c'est sublime.

A part.

Ah ! je voudrais avoir la satisfaction
De commencer déjà ton éducation...

PANDORE.

Ainsi, c'est convenu, nous casserons la cruche.

RAPIN.

Oui, bohémienne.

PANDORE.

Il ment, et songe à quelque embûche,
Mais je tiens à ma proie, et la guette de près.
    Haut.
Je cours de notre hymen terminer les apprêts.
                                    Elle sort.

SCÈNE II.

RAPIN, seul.

Peut-on être berné de façon plus complète?
Prends ton meilleur pourpoint, et déguerpis,
                                    [poëte.
Que tes rêves dorés aillent aboutir là!
Qu'on t'aille à la Bastille enfermer pour cela!
Pour la faute d'un autre! ah! c'est grotesque et
                                    [triste!
    En sursaut.
Je ne peux accepter un tel sort! je résiste!
Que faire? c'est à fuir qu'il faut d'abord songer
Et j'aurai tout le temps ensuite d'enrager!
    Il court vers la porte du fond. Henri paraît à celle de
                        gauche.

SCÈNE III.

RAPIN, HENRI, puis MATURINE.

HENRI.

Où vas-tu donc?

            RAPIN.
        Je pars!
            HENRI.
                Eh bien! que vous en semble?
Voudriez-vous, monsieur, faire la route ensemble?
Je pars aussi.

            RAPIN.
        Cher sire, auriez-vous ce bonheur?
Ah! tout est pour le mieux, et j'ai la joie au cœur!
            HENRI.
Je le dois à ma femme, et vous voyez qu'on m'aime,
Monsieur: par ricochet, profitez-en vous-même.
Je compte en vous ayant sur un soldat de plus.
            RAPIN.
Me voilà rembarqué! c'est l'heure du reflux!
Votre attente sur moi ne sera pas trompée.
Et plus tard on dira: Son style est une épée,
Ce rimeur fut soldat! l'existence à mes yeux
Prend enfin un aspect utile et sérieux.
Je ne m'ennuierai plus, la guerre a peu de trêves,
Et le bruit des clairons dispersera mes rêves!
Je battrai de sang-froid sur l'enclume de fer,
Sire, et je vous suivrai partout, jusqu'en enfer!
            HENRI.
Merci, brave homme.
            RAPIN.
            Adieu la cour, adieu les dames,
Adieu, cœurs pleins d'amour, et regards pleins de
                                    [flammes;
Adieu, jeux, carrousels, tambourins, violons:
Comme disait Marot, en guerre nous allons!
Je me sens rajeuni de dix ans!

HENRI.

                Mon poëte,
Ces passe-temps joyeux valent qu'on les regrette,
Nous leur donnons congé pour un temps seule-
                                    [ment.
Le dieu Mars autrefois de Vénus fut l'amant,
Comme dirait ma femme aux lettres si savante:
Je suis un vert galant, mon cher, et je m'en vante.
Je me reposerai quand j'aurai fait le roi,
J'aurai toujours l'esprit un peu trop page, et toi,
Le diable au corps, rimeur damné! Viens vite,
Cela commence bien, mais qui connaît la suite?
Partons.
        MATURINE, se jetant dans la salle.
    Au nom du ciel, deux mots, sire! A vous seul!
            HENRI.
Tu m'as l'air d'un fantôme échappé du linceul.
Rapin même est de trop?
            MATURINE.
        A part.   Oui, qu'il me le pardonne.
De mes soupçons, hélas! je n'excepte personne,
Je vois dans chaque main un fer prêt à frapper.
            HENRI, à Rapin.
Surtout, l'ami, sans moi ne va pas t'échapper.
        Désignant l'appartement de Marguerite.
Attends-moi là.
            Rapin sort.
        MATURINE, à Henri.
        Du Guast veut vous tuer!
        RAPIN, soulevant la portière. A part.
                            J'écoute,
Pardieu!
            HENRI.
        L'oserait-il, Maturine? j'en doute.
Et d'ailleurs il se grise avec ses compagnons,
Qui tous du dieu Bacchus entonnent les chansons.
            MATURINE.
L'orgie est un prétexte! ils vont venir, vous dis-je!
Vous n'échapperez pas, sire, à moins d'un prodige!
J'ai tout surpris! Ce duel est un piége fatal!
Croyez-moi! pardonnez si je m'explique mal!
Je souffre tant! J'étais cachée ici dans l'ombre,
Et de vos meurtriers j'ai pu compter le nombre,
J'ai senti sur mon cœur le fer qui vous tuera,
Et si Dieu m'avait dit: Ta mort le sauvera!
J'aurais crié, frappez!
            HENRI.
        Quelle histoire?
            MATURINE.
                Et mon frère,
Qu'en ont-ils fait! Durant cette journée entière,
Je n'ai pu retrouver la trace de ses pas,
Ils l'auront enfermé!
            HENRI.
            Je ne te savais pas
Sœur de quelqu'un, ma chère.
            MATURINE.
                O mon Dieu! que lui dire
Pour le persuader? Quoi qu'il arrive, sire,
Quoi que vous entendiez ici, quand on crierait,
Quand on s'égorgerait, quand ce toit croulerait,
N'y rentrez plus!

HENRI.

Mais c'est, vraiment, sur ma parole,
A te croire insensée!

MATURINE.

Eh bien, oui, je suis folle!

Arrachant son masque.

Folle de vous, Henri! je vous aime! ô pudeur,
Laisse enfin s'exhaler les secrets de mon cœur!
J'ai vécu sous vos pieds! Votre auguste pensée
Un seul instant sur moi ne s'est pas abaissée,
Et vous n'avez pas même une fois soupçonné
Que derrière ce masque étrange et résigné,
Pouvaient couler des pleurs. Ces pleurs coulent
                                        [encore;
Je vous aime, j'ai peur, je menace, j'implore!
Fuyez! quand je vous dis qu'ils veulent votre mort,
Croyez-moi!...

HENRI, *gravement.*

Je vous crois, mais je suis le plus fort;
Car on ne peut tuer tout un peuple, madame,
Et du peuple français je suis le corps et l'âme!

MATURINE.

Juste ciel!...

HENRI.

Qu'avez-vous?

MATURINE.

Vous n'entendez donc pas?
Dans l'escalier secret un bruit confus de pas!
Ce sont les assassins.

HENRI.

Le danger fortifie!
Voyez: le Béarnais est calme et les défie,
Tout seul.

RAPIN, *rentrant.*

Nous serons deux.

Evoé entre en même temps par la droite.

〰〰〰〰〰〰〰〰〰〰〰〰〰〰〰〰〰〰〰〰〰〰〰〰〰

SCÈNE IV.

LES MÊMES, ÉVOÉ.

MATURINE.

Mon frère!

ÉVOÉ.

Ne crains rien.

MATURINE.

Et Du Guast?...

ÉVOÉ.

Le festin dure encor. Tout va bien.
Ils ont tendu le piège où je saurai les prendre...
Mais pour que nul ici ne puisse nous surprendre...
Il va verrouiller la porte du fond.

RAPIN.

C'est l'Évoé d'hier! tudieu! quel changement!

ÉVOÉ, *à Henri.*

Mon maître!...

HENRI.

Je comprends encor confusément
Tout ceci, mais au moins je suis sûr d'une chose,
C'est que vous êtes tous dévoués à ma cause;
C'est que vous avez fait, amis, de mon salut
Votre unique pensée et votre unique but.
Eh bien! si, redoutant les trahisons infâmes,

J'ai trop longtemps caché mes secrets à vos âmes,
Si jamais votre roi ne s'est fié qu'à lui,
Pardonnez! tout soupçon disparaît aujourd'hui!
Vous êtes éprouvés, nobles et magnanimes,
Et je sens qu'envers vous j'ai des dettes sublimes.
Je les paierai!... Le Dieu qui bénit nos projets
Permettra que le roi soit digne des sujets!
Je pars!...

ÉVOÉ.

Gloire au Seigneur!...

HENRI.

Une reine coupable
A dit que nous vivions dans un temps misérable,
Et c'est tristement vrai!... Tout baigné de sueurs,
Pâle alchimiste en proie à de vagues terreurs,
Tandis qu'autour de lui les doctrines armées
Jettent moins de rayons que de sombres fumées,
Le peuple, qui jamais n'est sûr du lendemain,
Plonge l'œil au creuset où bout du sang humain!...
Et la coupe des rois déborde aussi!... la guerre
Est le rouge échanson de ces dieux de la terre!
Chacun a sa croyance et chacun son parti!
Tout est mauvais, confus, chancelant, perverti!..
Tout se vend à prix d'or, rien ne peut s'en défendre,
Et la France aujourd'hui même serait à vendre
S'il se trouvait quelqu'un qui la pût acheter!
O France! à ton secours laisse-moi me jeter!...
Je te connais, facile à séduire, mais bonne.
Souvent pour te guider il faut qu'on t'éperonne,
Et lorsque tu bondis en élans surhumains,
Tu ne peux te dompter que par tes propres mains,
Invincible!... les sots qui tiennent la campagne,
Clabaudiers de Savoie, et rodomonts d'Espagne,
Te raillent en voyant les révolutions
Bigarrer ton beau corps de tant de factions;
Mais si j'ai su franchir les remparts de leurs villes,
J'escaladerai bien les barricades viles!
J'imposerai la paix aux peuples comme aux rois,
La paix qui règle tout, les devoirs et les droits;
Et sans aucun excès de force ou de faiblesse
Je dompterai Paris, la farouche maîtresse
De tous nos souverains! Bien des chefs, dans tes
Avec force apparat t'ont donné force mots: [maux,
Quant à moi, je saurai, sous ma jaquette grise,
Te donner plus d'effets que Valois et que Guise!
Si tu ne m'aides point, j'irai sans nul regret
En Flandre recevoir quelque coup de mousquet,
Pour te faire savoir, aux dépens de toi-même,
Ce que c'est que de perdre, ô France, un roi qui
                                        [t'aime.

ÉVOÉ.

Généreux prince!

HENRI, *à Rapin.*

Allons.   A Évoé.

A propos, mon vaillant,
Les belliqueux mignons vous ont jeté leur gant,
Le relèverez-vous?

ÉVOÉ, *montrant la porte fermée.*

Je soutiendrai le siège.
Afin de pouvoir mieux les attirer au piège,
J'ai joué jusqu'ici mon rôle de poltron,

Et su me contenir en recevant l'affront :
Me déclarer pour vous ami réel et brave,
C'était manquer mon but, et la chose était grave.
Je voulais sous ma main les réunir ici
Pour vous donner le temps de fuir. J'ai réussi.
Partez, ils vont venir.

HENRI.
En assassins : je reste.
Nous serons trois.

ÉVOÉ.
Mon roi, c'est un projet funeste !

HENRI.
Certe, une lâcheté, monsieur, que rien n'absout,
C'est d'oublier qu'on est gentilhomme avant tout.

ÉVOÉ.
Faux scrupule ! avec lui, nous osons vous le dire,
On n'est qu'un bon soldat, on n'est pas un roi, sire !
Ce qui doit avant tout parler à votre cœur,
C'est le bien du pays, son salut, son bonheur !...
L'honneur est égoïste : un roi ne doit pas l'être ;
Le métier du sujet n'est pas celui du maître !
Libre à nous, dont l'histoire ignorera les noms,
De courir nous jeter aux gueules des canons,
De nous faire à l'envi broyer par la mitraille ;
Mais si je vous voyais, sire, en quelque bataille,
Courir imprudemment devant vos escadrons
Comme un page qui veut gagner ses éperons,
Je saurais bien alors sauter à votre bride
Et vous dire : Arrêtez !...

HENRI.
Vous êtes intrépide,
Monsieur.

ÉVOÉ.
J'irais ensuite, heureux et sans remord,
Pour expier l'offense, au devant de la mort !...
Maintenant, je vous dis avec la même audace :
Partez ! car ce n'est point ici qu'est votre place !...

HENRI.
Assez !...

MATURINE, bas à Évoé.
Garde-toi bien, frère, de l'irriter.
O Dieu ! dans ce projet s'il allait persister !

ÉVOÉ.
Quand je devrais, ma sœur, l'entraîner...

RAPIN.
Je vous aide
De tout cœur.

MATURINE.
Juste ciel ! ils vont venir !

HENRI.
Je cède.
Le Béarnais convient que vous avez raison :
Ne vous y fiez pas, pourtant. Votre vrai nom,
Ami ?

ÉVOÉ.
Vous le saurez, sire, dans la mêlée ;
J'y serai près de vous.

HENRI, à Maturine.
Ma belle désolée,
Je suis honteux d'avoir trop longtemps ignoré
Que d'un si noble cœur j'étais le préféré ;
De vous revoir bientôt je garde l'espérance !

MATURINE.
Jamais, sire !... il le faut !...

HENRI, à part.
Ne songeons qu'à la France.
Vague rumeur au dehors.

ÉVOÉ.
Ce sont eux.

HENRI, à Maturine, en lui baisant la main.
Adieu donc.
A Évoé.
Venez là, mon ami !
Le cœur du Béarnais n'aime pas à demi.
Au revoir, mon beau Louvre : on sort par la fenêtre,
Mais pour rentrer bientôt par la porte, peut-être.
Il entre chez la reine, avec Rapin ; Maturine observe ce
qui s'y passe. Le bruit redouble à l'extérieur.

VOIX, au dehors.
Ouvrez !... ouvrez !...

MATURINE.
Le roi descend ; Rapin le suit...

ÉVOÉ.
Bien.

MAUGIRON, au dehors.
Brisons tout !

ÉVOÉ.
Brisez ; plus vous faites de bruit,
Mieux cela vaut.

MATURINE.
La reine est penchée et regarde...
Dieu ! si nous entendions le qui vive d'un garde !
Quelle angoisse !... rien !... rien !...

DU GUAST, au dehors.
Allons, Saint-Luc, Caylus,
Maugiron ! à l'assaut, messieurs, n'attendons plus !
Ils ébranlent la porte.

MATURINE.
La reine a retiré l'échelle ; elle la jette
Au feu...

ÉVOÉ.
Sauvé ! Voyons, ne sois pas inquiète ;
Va prier, sœur.

MATURINE.
Pour tous !...
Elle sort.

ÉVOÉ, s'armant.
L'épée et le stylet...
Maintenant enfoncez la porte, s'il vous plaît !
La porte cède sous l'effort des favoris, qui se précipitent
dans la salle et s'arrêtent court devant l'attitude
d'Évoé.

SCÈNE V.

ÉVOÉ, DU GUAST, SAINT-LUC, MAUGIRON,
COURTISANS.

ÉVOÉ.
A l'habile oiseleur à la fin tu te livres,   [ivres !
Troupe d'étourneaux ! Mais vous me semblez tous
De pareils champions ne sont plus de mon goût,
Et ma lame, vraiment, s'abaisse avec dégoût.

DU GUAST.
Que veut dire ceci, monsieur ?

ÉVOÉ.
         Ceci veut dire
Qu'enfin, mon cher marquis, c'est à mon tour de
                             [rire,
Que je vous ai trompés et bernés de mon mieux,
Que je vous joue un tour assez facétieux,
Et que, pour compléter dignement cette histoire,
Mon prince en ce moment galope vers la Loire.

DU GUAST, *s'avançant.*
C'est impossible !

ÉVOÉ.
      Arrière ! on n'entre point !...

MAUGIRON, *au fond.*
               Le roi !...

ÉVOÉ, *tranquillement.*
Qu'il vienne.

DU GUAST.
    Par l'enfer ! tout va changer, je croi !

SCENE VI.

LES MÊMES, HENRI III, COURTISANS *et* GARDES.

DU GUAST, *au Roi.*
Sire, on vous a trahi ! le captif est en fuite !

HENRI III.
Mais c'est un coup de foudre ! Alerte ! à sa pour-

ÉVOÉ, *à part.*   [suite !
Courez !... Le Béarnais devancerait le vent !

DU GUAST, *montrant Évoé.*
Et cet homme a trahi la France en le servant !
C'est lui qui l'a sauvé ! c'est lui seul !...

HENRI III.
          Qu'on l'arrête !

DU GUAST, *à Évoé.*
Eh ! l'ami, sur ton cou je vois branler ta tête.

ÉVOÉ.
Jovial marquis.
      Il se laisse désarmer sans aucune résistance.
      Au roi je voudrais parler bas.

DU GUAST.
Gardes, tenez-le bien, et qu'il n'approche pas.

ÉVOÉ.
Alors, je vais parler tout haut. C'est avec joie,
Sire, que j'obéis : la Flandre qui m'envoie...

HENRI III, *vivement.*
Qu'on le laisse.

A Evoé.
      Approchez. Ignorez-vous, vrai Dieu,
Qu'en cette question nous jouons fort gros jeu,
Et que si, par malheur, l'Espagne allait appren-
                             [dre
Qu'un message aujourd'hui nous est venu de Flan-
Ce serait cas de guerre !...   [dre,

ÉVOÉ, *à part.*
        On le savait.

HENRI III.
              Parlez,

ÉVOÉ.
Sire...

HENRI III.
    Plus bas encor.

ÉVOÉ.
         Les Flamands désolés,
Veulent briser la chaîne où les retient l'Espagne,
Mais ne peuvent ouvrir, sans secours, la campa-
                          [gne :
Ils vous tendent les bras, vous nomment leur sei-

HENRI III.   [gneur.
Vos pouvoirs.

ÉVOÉ, *les lui remettant.*
    Les voici.

HENRI III, *les parcourant et avec rage.*
      Qu'il soit libre !...

DU GUAST, *atterré.*
          O stupeur !...

ÉVOÉ, *à Du Guast.*
Hier, tu m'as jeté ton gant à la figure,
Tu mourras de ma main tôt ou tard, je le jure !

HENRI III.
Marquis, laissez cet homme, et venez près de nous.

MATURINE, *entrant, à Évoé.*
La reine à mes côtés s'est jetée à genoux ;
Et moi, même en priant, j'enviais son partage !
Elle le reverra !...

ÉVOÉ.
      Partons, sœur, du courage !
Fais trêve à ta douleur et souris fièrement,
Car tu nous rends un roi si tu perds un amant !

FIN.

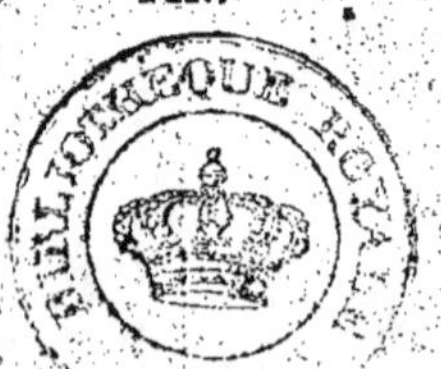

Imprimerie de Mme Ve DONDEY-DUPRÉ, rue Saint-Louis, 46, au Marais.

OUVRAGES DU MÊME AUTEUR.

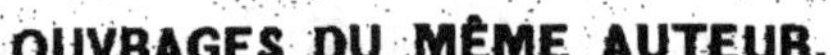

LA SEMAINE DE PAQUES, 1 vol. in-8 (épuisé).
LES HORIZONS DE LA POÉSIE, 1 vol. in-8.
GEOFFROY RUDEL, 2 vol. in-8.
CASTILLE ET LÉON, 1 vol. in-8 (épuisé).
LE VOL DES HEURES, 1 vol. in-8 (épuisé).
LES GOUTTES DE ROSÉE, 1 vol. in-18.
GAIFFER, format de la France Dramatique. Prix : 60 centimes.

Sous presse:

L'OASIS, 1 vol. in-18.
LES DEUX ABIMES, 2 vol. in-8.

Imprimerie de Mme Ve Dondey-Dupré, rue Saint-Louis, 46, au Marais.